לשקדי, הקשת הפרטית שלי

בֹּקֶר נָעִים, הַשֶּׁמֶשׁ זוֹרַחַת,
פִּיצִי מְטַיֶּלֶת בַּגִּנָּה הַפּוֹרַחַת
וּלְמַעְלָה בַּשָּׁמַיִם מוֹפִיעָה לָהּ אוֹרַחַת:

סֻכָּרִיָּה עֲנָקִית בְּכָל הַטְּעָמִים,
צִבְעוֹנִית וּמְתוּקָה בְּשָׂדֶה שֶׁל עֲנָנִים.
פִּיצִי בִּקְשָׁה לְהִתְקָרֵב לַסֻּכָּרִיָּה,
"אֵיךְ עוֹלִים לְמַעְלָה? אוּלַי אֵעָזֵר בְּמִטְרִיָּה?"

לְמַעְלָה בֵּין צַמְּרוֹת הָעֵצִים,
לְפֶתַע שָׁמְעָה קוֹלוֹת צִיּוּצִים.
"צְוִיץ! צְוִיץ! חָדַל קַשְׁקֶשֶׁת!
אִי אֶפְשָׁר לְהַגִּיעַ לַקֶּשֶׁת."

אֲבָל פִּיצִי שְׂמֵחָה וְלֹא מִתְיָאֶשֶׁת.

"זוֹהִי קֶשֶׁת בְּעָנָן? נֶהֱדָר!"
הִנֵּה מוֹפִיעַ לוֹ גָּמָל מְגֻנְדָּר.
"אֶפְשָׁר בְּבַקָּשָׁה לַעֲלוֹת עַל הַדַּבֶּשֶׁת?"
הַגָּמָל הִבִּיט בִּרְאִי וְאָחַז בְּמִבְרֶשֶׁת.
"אֵיזוֹ בַּקָּשָׁה מְשֻׁבֶּשֶׁת," צָחַק,
אִי אֶפְשָׁר לָגַעַת בַּקֶּשֶׁת."

אַךְ פִּיצִי שְׂמֵחָה וַעֲדַיִן נִרְגֶּשֶׁת.

הִנֵּה צוֹעֶדֶת לָהּ קֶנְגּוּרוּ מְתַלְתֶּלֶת,
אוֹחֶזֶת בִּזְכוּכִית מַגְדֶּלֶת וּבְמַפָּה מְגֻלְגֶּלֶת.
"אִם נַעֲלֶה לְמַעְלָה בַּדֶּרֶךְ הַמְּפֻתֶּלֶת,
נַצְלִיחַ לְהַכְנִיס אֶת הַקֶּשֶׁת לַכִּיס?"
"לֹא וָלֹא, יַלְדָּה מַצְחִיקָה,
הַקֶּשֶׁת לְמַעְלָה מְאוֹד רְחוֹקָה."

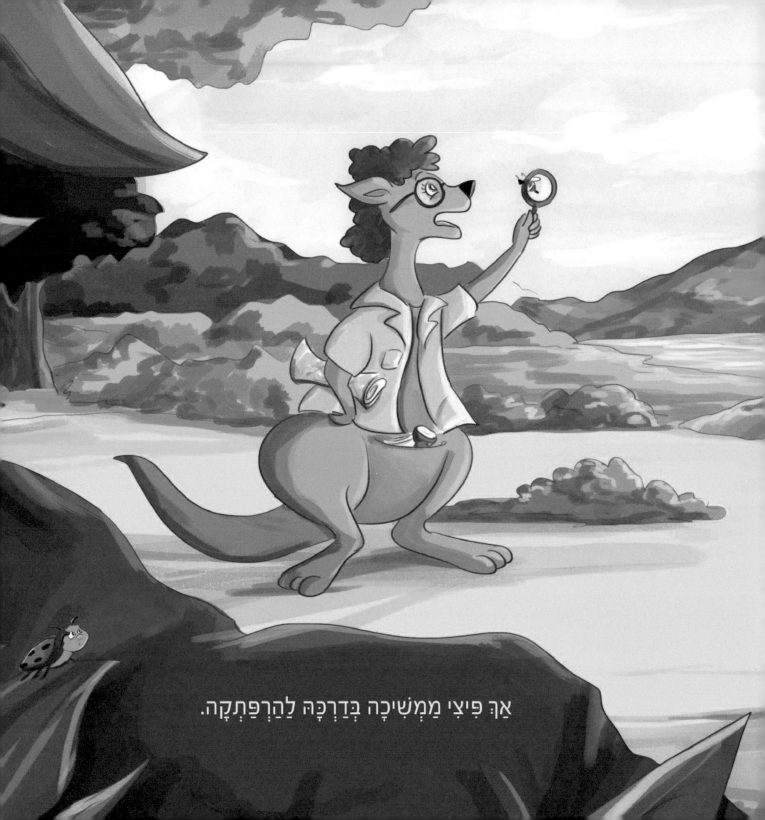

אַךְ פִּיצִי מַמְשִׁיכָה בְּדַרְכָּהּ לַהַרְפַּתְקָה.

בֵּין הָעֵצִים מְבַצְבֵּץ גִ'ירָף בַּיְשָׁן,
מִתְחַבֵּא מֵאֲחוֹרֵי מְעִיל מְיֻשָּׁן.
"צַוָּארוֹ הָאָרֹךְ יִהְיֶה לִי לְסֻלָּם!
אוּכַל לְטַפֵּס הֲכִי גָּבוֹהַּ מִכֻּלָּם!"
"אֲנִי מַמָּשׁ מִצְטַעֵר," עָנָה הַגִּ'ירָף, נָבוֹךְ,
"הַצַּוָּאר שֶׁלִּי לֹא מַסְפִּיק אָרֹךְ."

"מָה עָלַי לַעֲשׂוֹת כְּדֵי לָצֵאת מֵהַבְּרוֹךְ?"

אַאַאַפְּצִ'י!" הִתְעַטֵּשׁ פִּיל מְצֻנָּן.
"אוּלַי הַחֵדֶק מַגִּיעַ לַקֶּשֶׁת בֶּעָנָן?"
"אֲנִי לֹא יָכוֹל, הָיִיתִי עוֹזֵר בְּרָצוֹן,
אֲבָל... אַאַאַפְּצִ'י! אֲנִי זָקוּק לְמָרָק חַם וּמַגְּבוֹן!"

”אֵיךְ אַגִּיעַ לַקֶּשֶׁת הַצִּבְעוֹנִית?
אוֹטוֹבּוּס? רַכֶּבֶת? אוֹפַנַּיִם? אוּלַי מוֹנִית?”
בְּשֶׁקֶט הִתְקָרְבָה חֲתוּלָה אַדְמוֹנִית
עִם אֲבַטִּיחַ קַר בְּתִיק הַצֵּידָנִית.
”אוּלַי נְטַיֵּל בְּחֵיק הַטֶּבַע?” הִצִּיעָה הַחֲתוּלָה,
”יֵשׁ שָׁם הֲמוֹן פְּרָחִים וְצֶבַע.”

הֵן יָשְׁבוּ יַחַד לְיַד אֲגַם גָּדוֹל,
וּפִּיצִי נִזְכְּרָה שֶׁאִמָּא אָמְרָה לָהּ פַּעַם בְּקוֹל
לְהַמְשִׁיךְ לְנַסּוֹת, לֹא לְוַתֵּר,
כְּשֶׁפִּיצִי לָמְדָה לְנַגֵּן בִּפְסַנְתֵּר.

לְפֶתַע הָיָה נִדְמֶה כִּי שָׁמְעָה אֶת אִמָּא לוֹחֶשֶׁת,
"אֲנִי יוֹדַעַת שֶׁתַּצְלִיחִי לָגַעַת בַּקֶּשֶׁת."
פִּיצִי קָפְצָה, שְׂמֵחָה וְנִרְגֶּשֶׁת.
לִבָּה הִתְמַלֵּא בְּכַדּוּר שֶׁל אֱמוּנָה,
הִיא יוֹדַעַת שֶׁתַּצְלִיחַ, הִיא תִּהְיֶה הָרִאשׁוֹנָה!

וְאָז, עַל פְּנֵי הַמַּיִם,
הִבְחִינָה בַּקֶּשֶׁת מִשְׁתַּקֶּפֶת מֵהַשָּׁמַיִם.
אָדֹם, כָּתֹם וְגַם צָהֹב,
הַצְּבָעִים נָצְצוּ כָּל כָּךְ קָרוֹב!
יָרֹק, תְּכֵלֶת, כָּחֹל וְסָגֹל,
כְּמוֹ צִיּוּר עִם הַמִּכְחוֹל!

"אֲנִי יְכוֹלָה לִשְׂחוֹת אֶל הַקֶּשֶׁת!"
הִיא קָרְאָה, נִרְגֶּשֶׁת,
שִׁנְּסָה מָתְנַיִם,
הֵסִירָה גַּרְבַּיִם,
וְאַחַת וּשְׁתַּיִם
קָפְצָה לַמַּיִם.

פִּיצִי הֶחָלָה חוֹתֶרֶת, מְאֻשֶּׁרֶת.

"אִם לֹא הִצְלַחְתִּי בְּדֶרֶךְ אַחַת,

אַצְלִיחַ בְּאַחֶרֶת."

עִם אֲבַטִּיחַ קַר וַחֲתוּלָה אַדְמוֹנִית,

הִיא נָגְעָה בַּקֶּשֶׁת הַצִּבְעוֹנִית.

לימור גרינברג
agamlimor@gmail.com

23864095R00017